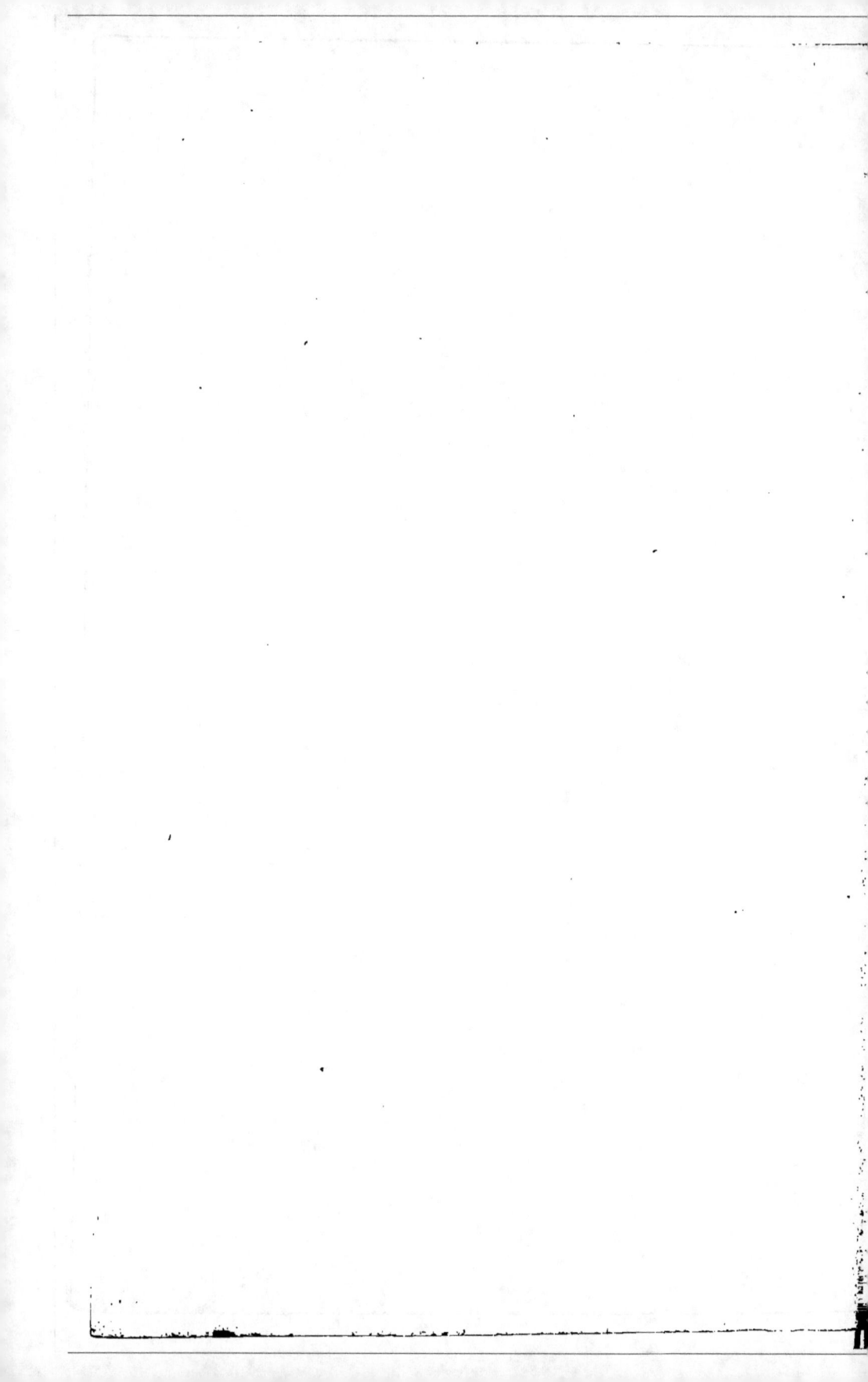

INAUGURATION

DU BUSTE DE

P.-J. DESAULT

A LURE

LE 15 OCTOBRE 1876

BELFORT

Imprimerie J. SPITZMULLER

1876

INAUGURATION

DU BUSTE DE

P.-J. DESAULT

A LURE

LE 15 OCTOBRE 1876

BELFORT

Imprimerie J. SPITZMULLER

1876

A Monsieur *ISELIN*, statuaire

Monsieur,

Permettez à l'un de vos nombreux admirateurs de vous dédier ce petit livre.

Placé sous votre haut patronage, il ne pourra manquer d'être honoré de la faveur du public.

Veuillez agréer, Monsieur, l'expression de mes sentiments distingués.

J. SPITZMULLER.

Dès le matin, la ville de Lure avait un air de fête. Toutes les fenêtres étaient ornées de drapeaux et de lanternes vénitiennes. La grande rue notamment avait un aspect magnifique.

Une foule immense, accourue de tous les points de l'arrondissement et des départements voisins, parcourait les rues de la ville. Le soleil s'était mis de la fête et faisait risette à tout le monde.

La fête officielle a commencé à 3 heures. Un cortége imposant, précédé de la musique de Lure, de celles de Melisey et de Ronchamp, a quitté l'Hôtel-de-Ville et s'est dirigé, en passant devant la sous-préfecture, vers la place où s'élève la statue de Desault encore voilée. Le cortége marchait entre deux haies de gendarmes et de pompiers. Le canon tonnait, les tambours résonnaient et la musique jetait dans les airs ses plus joyeux accords.

Nous avons remarqué dans le cortége, MM. le maire de Lure, le sous-préfet, le président du Tribunal, le député de l'arrondissement, le statuaire Iselin, le docteur Guérin, représentant de l'Académie de médecine de Paris, le docteur Michel, des conseillers généraux et d'arrondissement, Baïhaut, ingénieur, le comte de Grammont, une grande partie des médecins de la contrée, M. Despierre, avocat et quelques-uns de ses confrères, le lieutenant de gendarmerie, plusieurs maires des communes et le conseil municipal de Lure qui fermait le cortége.

Devant la fontaine sur laquelle est placé le buste de Desault, on avait installé pour les orateurs une estrade peu élevée. M. le maire a pris le premier la parole. Voici le texte de son discours :

Messieurs,

Au moment de détourner le voile qui cache à nos regards le buste de Desault ; au moment d'entendre les voix autorisées des délégués venus à cette réunion pour nous parler de l'illustre chirurgien et pour glorifier sa mémoire, permettez-nous de procéder à la cérémonie d'inauguration, par l'accomplissement d'un devoir à remplir au nom de la ville de Lure, au nom des membres de la commission de souscription et nous croyons pouvoir dire, au nom du pays tout entier, envers M. Iselin, l'habile statuaire, l'auteur du buste de Desault.

En présence de cette assemblée solennelle, composée de personnages éminents, qui ont bien voulu nous honorer de leur concours, et en présence de la foule nombreuse et empressée de nos concitoyens, nous voulons remercier et féliciter M. Iselin, d'avoir eu la noble pensée de consacrer son art, à reproduire et à fixer sur le bronze les traits de notre illustre compatriote, de l'homme de génie qu'il fait ainsi revivre au milieu de nous et qu'il rend à son pays natal.

L'œuvre est assurément digne de l'artiste et du sujet qu'il a traité ; mais ce qui ajoute à son mérite, ce qui lui donne un prix inestimable

et qui la rend particulièrement chère à la ville
de Lure, c'est que M. Iselin a voulu la lui offrir
à titre de don gracieux !

Nous l'affirmons, nous le répétons; le buste du
célèbre Desault, sculpté par le statuaire Iselin,
l'un et l'autre enfants de la Haute-Saône, cons-
titue pour la ville de Lure à laquelle M. Iselin
lui-même en fait hommage, un véritable et précieux joyau. Le conseil municipal a voté des
remercîments unanimes à M. Iselin et nous a
confié la mission officielle de les lui exprimer et
de proclamer sa profonde reconnaissance envers
lui, au pied du monument que nous élevons à
Desault et devant cette assemblée réunie pour
l'inaugurer.

Il était bien juste d'offrir, avant tout, ce témoignage de reconnaissance à M. Iselin ; c'est à
lui, c'est à sa généreuse initiative qu'il nous a
été donné de pouvoir enfin rendre à l'illustre
Desault les honneurs dus à sa mémoire. De grands
efforts ont été faits, à plusieurs reprises et depuis longtemps déjà, ainsi que le constatent les
archives de la municipalité de Lure, pour réunir
des ressources suffisantes à l'érection d'un monument commémoratif en l'honneur de Desault. Mais ces diverses tentatives n'avaient pu
réussir ; Aujourd'hui grâce à M. Iselin, grâce
au concours réuni des souscriptions anciennes et
des nouvelles, puis la ville de Lure, aidant aussi
dans la mesure de ses moyens, nous sommes
parvenus à atteindre le but et nous pouvons
procéder enfin à l'inauguration du monument
que nous devons à la mémoire de Desault. Nous
laissons maintenant au savant représentant de
l'académie de médecine de Paris, au président
de l'association médicale de la Haute-Saône et à
leurs honorables collègues, le soin de faire l'é-
loge de leur illustre confrère.

Après M. le maire, M. Despierres, avocat et membre du conseil municipal de Lure, a donné lecture d'une délibération du conseil municipal de cette ville, dont voici la teneur :

Extrait du registre des délibérations du conseil municipal de la ville de Lure réuni en séance le 13 octobre 1876.

M. le maire annonce au conseil que le buste de l'illustre chirurgien Desault, offert à la ville par le statuaire Iselin, est placé sur le piédestal qui lui a été destiné. Les membres du conseil ont admiré, dans une des salles de l'Hôtel-de-Ville où elle était provisoirement déposée, cette œuvre d'art de notre éminent statuaire. Elle sera solennellement inaugurée le dimanche 15 octobre.

Sur la proposition de M. le maire, le conseil municipal, à l'unanimité, offre à monsieur le statuaire Iselin, l'expression de sa vive et profonde reconnaissance.

La ville de Lure sera fière de rendre hommage, dans une fête commune, au génie de deux enfants du pays, qui se sont illustrés, l'un dans les sciences, l'autre dans les arts.

Une expédition de la présente délibération, revêtue de la signature de tous les membres du conseil, sera remise par les soins de M. le maire, à M. Iselin.

Ont signé les membres présents : Martelet, *maire*, Drouard, F. Mueusse, *avoué*, Pignot, Despierres, *avocat*, Moignot, Alp. Ponceot, J. Viney, Molans, Rauch, *avocat*, Levrey, *docteur*, Laroche, Boisson, *docteur*, Stidler, Leprieur, Destremeau, Nuger.

Copie de cette délibération portant la signature de tous les mandataires de la ville a été remise séance tenante au statuaire.

A ce moment, le voile recouvrant le buste de
Desault est enlevé et l'œuvre remarquable du
maître est accueillie par les applaudissements et
les bravos répétés de la foule, et une salve de
coups de canon.

M. le docteur Guérin a la parole, au nom de
l'Académie de médecine de Paris. Il a retracé de
main de maître la vie si bien remplie de Desault,
et rappelé les services rendus par lui à la science
chirurgicale, par son génie, son dévouement et
ses nombreuses innovations.

Voici le discours de M. Guérin :

Messieurs,

Je viens, au nom de l'Académie de médecine,
prendre part à l'hommage que vous rendez au
génie d'un des chirurgiens qui ont le plus honoré
la France. Ceux d'entre vous qui sont soucieux
de la gloire de leurs grands hommes devaient
s'étonner qu'on n'eût pas encore élevé une statue
à la mémoire de Desault.

Une plaque de marbre, placée à l'Hôtel-Dieu
de Paris, est le seul monument qui le rappelle à
la postérité. Il est vrai qu'en associant le nom
du maître à celui de l'élève, le nom de Desault
à celui de Bichat, l'inscription commémorative
a doublé le prix ; mais à quoi bon rappeler aux
médecins que Desault fut un grand chirurgien ?
Ses œuvres le disent assez, et, depuis sa mort,
les générations médicales qui se sont succédé ont
applaudi aux services qu'il a rendus à la science
et à l'humanité. C'est ici, près du lieu de sa naissance, sur cette place où il prit ses ébats d'enfant et de collégien, qu'il fallait dire à ses compatriotes, étrangers à la science et à l'art de
guérir, que la Franche-Comté doit s'enorgueillir
d'avoir donné le jour à Pierre-Joseph Desault.

Jusqu'à la fin du siècle dernier les jeunes gens qui se destinaient à la chirurgie débutaient presque tous en s'attachant à un praticien qui les recevait chez lui en apprentissage. Souvent le maître se contentait de saigner, de raser et d'appliquer des emplâtres ; sous un pareil patronage il était difficile de devenir un savant et un chirurgien habile. Desault ayant débuté à Lure, chez un chirurgien-barbier, comprit bientôt qu'il devait chercher un autre maître ; il partit pour Belfort, où il se fit remarquer par son goût pour l'étude et par son aptitude à s'assimiler ce qui lui était enseigné.

Après trois ans de séjour dans cette ville, il réalisa un rêve qu'il avait plus d'une fois caressé dans les méditations qui reposent d'un travail opiniâtre. « A mesure, dit Bichat, que l'esprit se développe, le cercle des connaissances qui l'entourent se resserre pour lui ; s'il vient à le franchir, il faut, pour avancer, qu'il se place dans un autre. Paris est le centre de celui de toutes les sciences et la patrie de ceux qui s'y adonnent. Ce fut celle que Desault adopta dès qu'il eut connu les facilités qu'y présente l'étude, l'émulation qui l'y anime, les encouragements qui l'y soutiennent. »

Comme tant d'autres qui ont honoré notre profession, il se trouva aux prises avec la misère et les privations. Mais qu'importe le froid, qu'importe la faim à qui rêve la gloire ? A la vue des chirurgiens qui ont laissé les *Mémoires de l'Académie de chirurgie*, monument non moins durable que le marbre et l'airain, Desault sentit que la renommée était un besoin pour lui ; « besoin heureux, dit son illustre élève, qui change nos goûts, éteint nos désirs, et transformant presque notre existence, remplace en nous le tumulte des passions qui éloigne les sciences par la solitude du cœur qui les appelle. »

Arrivé à Paris en 1764, Desault, qui avait alors vingt ans, suivit les cours du collége de chirurgie et la pratique des grands hôpitaux. Ses progrès furent si rapides qu'il ouvrit lui-même, deux ans plus tard, un cours d'anatomie et de chirurgie. Quoique dépourvu des qualités brillantes qui séduisent la masse des auditeurs, il avait une érudition si précise, et sa méthode d'enseignement était si différente de celle des membres du Collége de chirurgie qu'il fut, dès ses débuts, entouré d'un nombre considérable d'élèves. Ses succès excitèrent l'envie du corps auquel appartenait le privilége de l'enseignement public et lui suscitèrent des difficultés dont il ne triompha qu'en prenant le titre de répétiteur d'un chirurgien dont le nom n'est pas venu jusqu'à nous.

Depuis cette époque les choses ne portent plus le même nom ; le collége de Saint-Côme a disparu, mais il y aura toujours des corporations dont la susceptibilité ombrageuse sera représentée par le nombre des médiocrités et par les insatiables qui regrettent que le monde entier n'ait pas été fait exclusivement pour eux.

L'enseignement de l'anatomie, alors renfermé dans des limites étroites que l'habitude entretenait, offrait une insuffisance réelle dans les détails et un amas de faits isolés. Desault insista sur les rapports des organes entre eux, sur leur structure, sur leurs usages, sur les modifications que les maladies y apportent. Il créa l'anatomie topographique, sans laquelle un chirurgien ne peut porter le fer dans le corps humain avec sécurité pour l'opéré ; il posa les bases de l'anatomie pathologique, véritable flambeau de la médecine et de la chirurgie.

Il était entré dans la carrière chirurgicale par l'enseignement des opérations ; c'est encore la voie suivie par les médecins qui se destinent

à la pratique de la chirurgie. Avant d'opérer
les vivants il faut répéter sur les morts toutes
les opérations qui ont été faites ou seulement
proposées par nos devanciers. Ce n'est que par
la comparaison des méthodes et des procédés
qu'il est possible de discerner les avantages des
uns, les inconvénients des autres.

Desault se livra à l'enseignement qui, de nos
jours, est dévolu aux prosecteurs, élite de la
jeunesse médicale à laquelle ont appartenu la
plupart des grands chirurgiens de notre temps.

Il n'était encore que professeur libre d'anatomie et d'opérations, lorsqu'il se fit connaître
par des conceptions qui auraient suffi à la gloire
d'un chirurgien : depuis Hippocrate on était
convenu de regarder la fracture de la clavicule
comme devant nécessairement se consolider
d'une manière irrégulière. Desault découvrit que,
dans la solution de continuité de cet os, le moi-
gnon de l'épaule est abaissé, porté en dedans et
en avant, conditions qui avaient jusque-là échappé
à l'observation, et il imagina, pour remplir les
trois indications ressortant de cette disposition,
un appareil aussi simple que bien conçu, qui,
suivant l'illustre Boyer, *porte l'empreinte du
vrai génie, et qui est sorti des mains de son auteur peut-être avec toutes les perfections dont
il est susceptible.*

La ligature immédiate des artères après les
amputations avait été abandonnée, lorsque Desault en démontra les avantages. On redoutait
que la chute prématurée des fils n'amenât une
hémorrhagie ; l'expérience ne tarda pas à prouver
l'inanité de ces craintes, et il n'est plus un chirurgien qui ne donne la préférence à cette méthode que l'on n'eût jamais cessé d'employer depuis A. Paré, sans le besoin inné des petits
esprits de modifier les découvertes des maîtres.

Dans les cas d'anévrismes, Anel avait eu recours, sur un missionnaire du Levant, à une seule ligature au-dessus de la tumeur. Cette opération, dont la description était perdue dans un recueil relatif à la fistule lacrymale, avait été oubliée lorsque Desault en démontra les avantages.

C'est encore aujourd'hui une des meilleures méthodes pour guérir les anévrismes.

Il semble aussi que Desault eût imaginé, de son côté, la méthode connue sous le nom de Brasdor. On sait que dans le cas où il est impossible de porter une ligature entre l'anévrisme et le cœur, on l'applique entre les vaisseaux capillaires et l'anévrisme. Cette méthode audacieuse, née de l'impuissance des autres, en opposant un obstacle au sang et en l'obligeant à stagner dans la poche anévrismale, paraît condamner celle-ci à une rupture inévitable. Cela est arrivé, mais exceptionnellement. et les inventeurs de cette méthode opératoire ont droit à notre reconnaissance. Quels sont les inventeurs ? On dit généralement que c'est Brasdor ; pour être juste il faudrait peut-être dire Brasdor et Desault. Voici, en effet, ce que dit Boyer, toujours vrai, toujours juste: « Depuis longtemps cette opération avait été proposée *verbalement* par Brasdor, professeur à l'ancienne Ecole de chirurgie ; Desault, dans ses leçons de pathologie et d'opérations, avait coutume de mettre en question si elle n'offrirait pas quelqu'espoir de succès lorsque la situation de l'anévrisme le rend inopérable par la méthode ordinaire. »

De son côté, Bichat décrit la méthode, et il l'attribue à Desault, sans parler de Brasdor.

C'est à Desault que nous devons la substitution du couteau droit au couteau courbe dont on se servait pour les amputations.

Après s'être fait admettre au Collége des chirurgien, il fut successivement nommé chirurgien-major de l'hospice des Ecoles ; puis en 1772, chirurgien en chef de l'hôpital de la Charité. A dater de ce moment, son enseignement chirurgical s'étendit, et quand, en 1788, il devint chirurgien en chef de l'Hôtel-Dieu, il réalisa, suivant l'expression de Dezeimeris, les rêves de son ambition et de son génie.

On ignore généralement ce qu'était l'enseignement hospitalier lorsque Desault entra à l'Hôtel-Dieu. D'après l'édit de 1707, qui autorisait les médecins à faire inscrire leur avis par les bacheliers, licenciés ou jeunes docteurs qui assistaient aux visites, chacun des chefs de service ne pouvait être accompagné que de cinq étrangers choisis par lui parmi les étudiants en médecine.

Les privilégiés seuls étaient à même, à la fin de leurs études, de se livrer à la pratique de la médecine, sans craindre de commettre de graves erreurs. Les médecins qui avaient dû se contenter des leçons théoriques éprouvaient un embarras facile à concevoir. A cause de cela on avait recours aux moyens innocents : aux pommades, aux emplâtres et aux onguents, qui jouissent encore, dans le public, d'une telle faveur que des gens intelligents et très-haut placés les préfèrent aux conseils des médecins les plus éclairés : c'est l'onguent de la duchesse X..; c'est la pommade de la Pierre qui vire, l'onguent de la mère, etc. Les religieuses de l'Hôtel-Dieu de Paris ont elles-mêmes un onguent qui est considéré comme merveilleux par les gens crédules ; vous connaissez tous celui des sœurs de Saint-Thomas pour le panaris. Il y en a bien d'autres, et la plupart datent d'une époque d'ignorance où, n'osant pas prendre un parti, dans la crainte de se tromper, les médecins laissaient à la nature le soin de guérir les malades.

Desault osa et voulut enseigner la clinique

chirurgicale. L'école n'avait pas encore cet enseignement, ce fut un chirurgien d'hôpital qui
l'institua.

Ce n'était pas une entreprise facile ; il fallut
qu'il lui consacrât toutes ses matinées, depuis
six heures du matin jusqu'à midi. De six heures
à huit heures il faisait la visite dans les salles :
à huit heures il commençait la consultation des
malades venus de la ville, puis il pratiquait les
opérations.

Chaque maladie était l'occasion d'appliquer
les connaissances théoriques ; il rappelait les
symptômes propres à cette affection et ceux qui
la distinguaient des maladies avec lesquelles elle
aurait pu être confondue. Il discutait ainsi le
diagnostic ; il disait les chances de mort et de
guérison, et après avoir discuté les divers trai-
tements il indiquait les moyens rationnels de
guérir. Les élèves lisaient ensuite l'observation
détaillée de tous les malades qui devaient sortir
de l'hôpital dans la journée et dont le pansement
avait été confié à leurs soins. En s'instruisant
eux-mêmes les élèves contribuaient ainsi à l'instruction de leurs camarades.

La principale partie de la leçon était consa-
crée aux opérations qui n'étaient pratiquées
qu'après une dissertation sur l'état du malade,
sur les suites probables de l'opération et sur le
procédé opératoire.

Aujourd'hui que nous sommes habitués aux
cliniques, nous oublions les difficultés que Desault eut à surmonter pour atteindre le but
qu'il s'était proposé. On objectait la répugnance
des malades à se montrer en public ; la publicité
des opérations effarouchait surtout les religieuses. Une foule de mémoires portés contre lui à
l'administration l'y dénonçaient chaque jour
comme voulant bouleverser l'ordre établi. Ce ne
fut qu'après trois ans de démarches et de solli-

citations qu'il obtint l'autorisation de faire cons-
truire un amphithéâtre près de la salle des
hommes blessés et d'y faire amener les malades
qui avaient à subir une opération.

« Son école, dit Bichat, devint bientôt le centre de la bonne chirurgie ; chaque jour voyait
croître le nombre de ses auditeurs et diminuer
celui des autres établissements d'instruction.
Les nations voisines eurent à Paris des étudiants
pensionnés, sous l'expresse condition qu'ils sui-
vraient Desault. »

Déjà, avant lui, en 1774, J.-L. Petit avait été
chargé d'envoyer des chirurgiens français au roi
de Prusse pour remplir les premières places dans
les armées et dans les hôpitaux des principales
villes ; mais les étrangers ne voulurent plus
d'autre maître que celui dont nous avons à rappeler les éminentes qualités.

L'amputation que les chirurgiens pratiquent
d'autant plus rarement qu'ils ont plus d'expérience, n'était pour lui qu'une ressource extrême.
Le trépan était une opération fréquente à cette
époque ; on la pratiquait dans presque toutes les
plaies un peu graves de la tête. Desault prouva
que les indications de cette opération offrent une
incertitude qui doit presque toujours arrêter la
main du chirurgien. Il imagina des procédés
nouveaux pour les fractures du bras et de la
cuisse. Le traitement des maladies des voies
urinaires reçut de lui de nombreuses et utiles
améliorations. Je ne parlerai pas des instruments
ingénieux dont il a enrichi notre arsenal
chirurgical. J'ai déjà trop insisté peut-être sur
ses travaux devant une assemblée qui n'est pas
exclusivement composée de médecins.

A partir du jour où il entra à l'Hôtel-Dieu il
appartint à peine au monde. J'ai dit qu'il restait
à l'hôpital jusqu'à midi ; il y revenait à six heures du soir pour ne plus en sortir. Bien qu'il fût

marié et qu'il eût une maison, c'est à l'Hôtel-Dieu qu'il couchait pour être plus à même d'y continuer ses travaux et pour être plus près de ses malades.

Cette vie presque claustrale n'a pas été sans influence sur les découvertes dont il a enrichi la science. Je crois, en effet. que l'esprit s'élève plus difficilement au-dessus des conceptions vulgaires, dans la vie heureuse, mais molle et absorbante, de la famille. Le bonheur, l'affection des enfants, des sentiments plus tendres encore remplissent l'âme et la tiennent dans leurs liens, Bien peu savent s'y soustraire pour se donner tout entiers à la science, cette maîtresse qui ne veut pas de rivale. Desault prit un grand parti, il vécut comme un bénédictin.

A peine reçu membre du collége de chirurgie, il fut nommé à l'Académie royale ; mais, ennemi des débats stériles, il siégea rarement ; cette compagnie qui s'est illustrée par les travaux qu'elle nous a laissés avait des séances ordinaires beaucoup moins intéressantes qu'on ne le croit, et souvent elles étaient consacrées à la lecture d'un livre imprimé ; les grands travaux étaient réservés pour les séances solennelles.

Outre le peu d'intérêt qu'il prenait à ces travaux, il redoutait, je crois, les discussions dans lesquelles son emportement et son élocution lui eussent créé un rôle au-dessous de celui que son mérite lui assignait.

Cette opinion paraît confirmée par une réponse qu'il fit à un de ses amis qui lui reprochait son éloignement de l'Académie : *Je suis*, répondit-il en plaisantant, *comme les substances salines, je ne cristalise qu'en repos.*

Il avait pour les consultations en ville une antipathie qui a dû paraître bien bizarre à ceux de ses successeurs qui ont mis la gloire durable au-dessous des richesses. Par suite d'une timi-

dité que l'on s'efforce souvent de cacher par de
la brusquerie, il était mal à l'aise auprès d'un
malade que plusieurs médecins examinaient avec
lui. Mais, chose étrange chez le créateur de la
clinique chirurgicale, après avoir exprimé sa
façon de penser, la contradiction lui causait un
embarras extrême.

Peu de temps avant sa mort, l'*Ecole de santé*
qui venait de se constituer le nomma professeur
de clinique externe. C'est ainsi que l'enseignement fondé par lui est passé dans le domaine de
l'instruction publique. J'ai déjà dit que Desault
avait eu à soutenir de grandes difficultés pour
parvenir à la gloire ; son élocution embarrassée
lui en eût peut-être créé de plus grandes encore
à une époque de concours; et pourtant, si le
charme manquait à ses discours, si l'expression
se faisait parfois attendre, il parvenait par ses
gestes, par son animation, à captiver son audi-
toire.

Broussais, qui restera une de nos grandes
gloires médicales, avait, lui aussi, cette hésita-
tion qui résulte de la recherche d'une expression
imagée, et beaucoup de nos comtemporains se
souviennent de la fascination qu'il exerçait
sur les auditeurs qui l'écoutaient sans préven-
tion.

La fécondité des mots n'est souvent, suivant
l'expression de Bichat, qu'un voile jeté sur la
stérilité de la pensée. Desault tenait à la réalité
des choses ; il aimait à les faire toucher du doigt,
ce qui est presque toujours le meilleur moyen
d'enseigner la chirurgie. Pour l'étude de l'anatomie il n'admettait que les recherches sur le
cadavre ; il était ennemi des figures dont bon
nombre d'élèves se contentaient; il répétait souvent que c'est avec le scalpel et non avec les li-
vres que l'on devient anatomiste.

A voir la figure calme de ce grand homme,

telle qu'elle nous est représentée dans le por-
trait que nous avons de lui à l'Hôtel-Dieu, il est
difficile de se faire une idée exacte de son caractère : on le dirait fatigué de la lutte, quoique
fort, et un peu dédaigneux des petits moyens de
ses ennemis.

Si nous en croyons son biographe Bichat, il
était vif, violent, emporté, mais facile à revenir.
Les élèves en admirant ses talents n'eurent pas
toujours à louer sa douceur. Il ne faut pas lui
en faire un crime ; s'il n'avait pas eu cet emportement, cette fougue, s'il avait été doué d'une
âme placide, il eût sans doute recherché les joies
de la famille, auxquelles il eût donné une partie
de sa vie. La lutte l'eût effrayé, les difficultés
l'auraient arrêté dans sa marche ; il n'eût pas
été le génie créateur que nous admirons.

Je me suis souvent représenté Desault, à
l'Hôtel-Dieu, sa démarche hardie, son empres-
sement à voir les malades, ses violences contre
les élèves et les gens de service qui, ne répondant
pas à son attente, ne remplissaient pas assez vite
ses prescriptions.

Ce que nous savons de lui nous dit assez le
soin qu'il prit des blessés qui lui étaient confiés.
Il est un épisode de sa vie qui prouve que son
dévouement ne connut pas de limites.

Un pauvre enfant, ayant à peine dix ans, et
déjà enfermé depuis plus de deux années dans la
tour du Temple, succombait aux brutalités, aux
insultes et aux coups qu'il recevait de son gar-
dien. Cet enfant, que les royalistes appelaient
Louis XVII, n'avait commis d'autre crime que
d'être fils de roi. Il était étiolé, mangeait peu, et
depuis longtemps déjà il avait cessé de parler
pour ne pas avoir à répondre aux offenses sans
cesse renouvelées.

Aujourd'hui, qui ne compatit aux tortures de
ce pauvre petit prisonnier ? Que sont, en effet,

les souffrances de Silvio Pellico, qui ont fait verser tant de larmes, si on les compare à celles de cet enfant qu'on nommait le plus souvent Louis Capet ? Séparé de sa mère, de sa sœur et de sa tante, après la mort de son père, il était seul dans une chambre, mal nourri, sans air et n'ayant que la lumière qui pénétrait par une fenêtre creusée dans un mur épais. Ne voyant jamais un ami, livré à lui-même et à son chagrin, il ne pleurait pas ; il attendait, sans l'espérer, que l'on mît fin à ses souffrances. On peut le plaindre aujourd'hui sans être exposé à être décrété d'accusation ; mais alors que la République avait à lutter contre l'Europe coalisée, quand les ennemis de la France menaçant notre territoire, les républicains, affolés par une douleur que nous devions ressentir cruellement quatre-vingts ans plus tard, regardaient comme un crime la pitié que les victimes inspiraient, il était dangereux de prendre la défense du fils de Louis XVI et de réclamer un peu d'air pour lui.

Desault, appelé à la Tour du Temple pour soigner le petit malade, fut ému de compassion pour un aussi grand malheur, et, à peine sorti de la prison, il ne craignit pas de blâmer les ordres auxquels il attribuait la maladie lente de ce pauvre enfant. Bientôt une vive sympathie s'établit entre le médecin et le malade. Celui-ci, dit un écrivain royaliste, l'exprimait par son regard, par ses gestes, par sa soumission aux prescriptions ; celui-là par ses soins, par ses inquiétudes et par ses prévenances.

Précédemment, Desault, que Chaumette, le procureur syndic de la Commune, détestait, avait été arrêté et enfermé dans la prison du Luxembourg, mais après trois jours de détention on l'avait rendu aux élèves et aux malades qui demandaient qu'on le mît en liberté. Il n'en est pas moins vrai qu'avec un pareil antécédent judiciaire, sous un régime que l'on pouvait encore appeler celui de la Terreur, il y avait de sa part quelque courage, entouré d'espions et de délateurs qu'il était, à devenir l'ami dévoué de ce pauvre petit à qui toute consolation était refusée, à se faire son protecteur et à rappeler ses persécuteurs à l'humanité. Desault le fit avec tant de courage, que, lorsque la mort le frappa, on accusa ses ennemis de l'avoir empoisonné. Il mourut le 1er juin 1795, après trois jours de maladie ; la veille il avait des admirateurs, le lendemain la gloire commença pour lui. Voici en quels termes le *Moniteur* annonça sa mort : « La France, l'Europe entière viennent de perdre le citoyen Desault, officier de santé en chef de l'hospice de l'Humanité, le premier dans la pratique comme dans l'enseignement de l'art qu'il a professé. Son nom est depuis longtemps célèbre dans tous les pays du monde où la chirurgie est en honneur ; son nom ne périra point.

« Son pays lui doit d'immenses travaux et de nombreux élèves. En ce moment la République n'a pas une armée dont les plus habiles officiers de santé ne soient les élèves de Desault.

« Telle fut la supériorité de ce grand chirurgien que la postérité qui commence, hélas ! trop tôt pour lui, le nommera sans doute un grand homme. »

Ce fut, en effet, un grand homme. Son âme fut noble, dit Bichat, qu'il faut toujours citer, généreuse, grande jusque dans ses défauts ; le désir de la gloire semblait seul le remplir. La postérité, en admirant ce qu'il fit pour l'art, dont ses travaux reculèrent si loin les bornes, applaudira à ce qu'il entreprit pour les malheureux que sa main secourut et pour les élèves que ses leçons cliniques formèrent gratuitement.

M. le docteur Michel succède à M. Guérin. Le discours de l'honorable président de l'Association médicale de la Haute-Saône contient à la fois l'éloge de Desault et de l'artiste éminent qui a confié au bronze les traits du célèbre chirurgien. Desault n'était pas seulement un homme de génie, un innovateur, il était aussi une âme généreuse, charitable. Il avait consacré les meilleurs moments de sa vie aux souffrants.

Voici comment s'est exprimé M. Michel :

Messieurs, — Chers confrères,

Si je ne devais parler de Desault qu'à des médecins, il me serait facile de trouver, dans les œuvres de notre illustre compatriote, les preuves de son immense talent et du rôle puissant qu'il a eu à la fin du siècle dernier, dans la création de l'enseignement de l'anatomie et de la clinique chirurgicale.

Mais en voyant ce monument que l'artiste a créé, qu'une souscription publique a édifié, en face du concours des autorités de notre arrondissement, même de notre département, de l'affluence de personnes étrangères à cette ville, et surtout de la liste des membres de la commission de souscription, au début présidée par le regretté Grosbert, on ne saurait douter qu'à côté du médecin célèbre, le monument commémoratif veut rappeler la mémoire d'un homme qui a consacré sa vie à soulager les misères humaines, et dire aux générations futures que, même à des époques plus difficiles que les nôtres, un jeune homme a pu, sans fortune, sans appui, s'élever par son travail et une énergique opiniâtreté jusqu'aux plus hautes positions de son art, et mériter dans un avenir lointain, la récompense que nous décernons aujourd'hui à Desault, en

gravant sur le bronze, dans le pays de sa naissance à près d'un siècle d'intervalle, son nom et
ses traits immortels.

Je ne serais pas l'historien fidèle de cette fête,
si je ne me hâtais d'ajouter que l'initiative en
revient toute entière à l'une de nos célébrités
artistiques contemporaines.

Comme Desault elle est née dans un village
situé aux portes de Lure, comme Desault elle
a eu ses débuts difficiles, mais grâce à l'ami et
au département elle a pu, franchissant les premiers obstacles, grandir en savoir et en renommée. Son talent naissant, mu par la reconnaissance, a confié au marbre les traits de ses
premiers protecteurs, de l'ami dans la personne
de M. Desloyes père, du département dans celle
de M. Dieu préfet d'alors, et de Boileau président
du conseil général. A ces détails vous avez déjà
nommé M. Iselin, notre grand sculpteur, ses
premiers essais n'avaient point satisfait son amour
du pays natal, Desault son compatriote était un
sujet digne de ses études : S'il eût pu réaliser sa
pensée, il eût doté Lure d'un monument com-
plet, malheureusement des difficultés que nous
ne pouvons pas toujours vaincre, ont mis obstacle
à cette idée grandiose, l'artiste a dû réduire son
œuvre aux proportions du buste que nous saluons
à cette heure.

Dans ces quelques phrases que j'ai cru de
mon devoir, comme président de l'association
médicale de la Haute-Saône, de prononcer dans
cette circonstance, il m'a semblé mieux répondre
au but de cette réunion et aux intentions des
personnes qui ont bien voulu l'honorer de leur
présence, en oubliant un instant le savant, pour
relever surtout dans la vie de Desault les détails
conservés de ses premiers ans, les débuts difficiles de sa brillante carrière, les nombreuses
qualités et les rares imperfections de sa person-

nalité que ses élèves aimaient à rappeler en le nommant le *bourru bienfaisant*.

Pierre Joseph Desault naquit chez nous au Magny-Vernois le 6 février 1744, son père Claude Joseph Desault et sa mère Jeanne Varrin vivaient du produit d'un bien peu considérable pour une famille composée déjà de deux filles et trois garçons, quand Pierre Desault vint au monde ; on peut voir encore aujourd'hui au Magny en parfait état de conservation la maison où il est né.

Ordinairement les natures d'élite révèlent leur existence par quelques signes précoces, Desault n'échappa pas à cette règle, comme la plupart de nos enfants du village, Pierre conduisait au champ le troupeau de la famille. Pendant les loisirs de ses occupations juvéniles son intelligence s'essayait à l'étude des plantes et des phénomènes de la nature. Elle y fit de tels progrès qu'ils furent remarqués par Prailleur, un des grands industriels de l'époque,

Celui-ci envoya Desault à Lure chez un maître particulier qui, contre rémunération se chargea de lui apprendre un peu de français et assez de latin pour qu'à l'âge de douze ans son élève pût entrer en cinquième au collége des jésuites.

Lure à cette époque n'avait pas les établissements d'instruction qu'il possède aujourd'hui. Sous la dépendance du prince abbé de Lure et de Marbach, l'instruction de la jeunesse était confiée par ce puissant seigneur à des régents laïques, ils devaient se conformer à un certain programme. On trouve encore aujourd'hui dans les archives de la ville, des contrats passés entre le prince et des régents portant la date de 1735 à 1780.

Qu'il me soit permis en passant de jeter quelques louanges à ces maîtres particuliers, isolés et obscurs, dont les traces restent à peine dans

quelques villages privilégiés. Que de fois n'ont
ils pas été, comme ici, les premiers agents de
l'évolution de belles intelligences qui, sans eux,
seraient restées dans l'oubli.

Le même Praileur envoya Desault au collège
des jésuites, vraisemblablement à Dôle, le seul
établissement en renom de cet ordre religieux
dans notre voisinage. On sait que dans le rayon
du prince abbé de Lure il n'y avait que des ca-
pucins avec droit de cultiver, et de soigner les malades, et dans celui de l'abbé de Luxeuil des
moines jouissant à peu près des mêmes priviléges.

Desault passa cinq années dans cet établissement, il y fit de rapides progrès et surtout en
mathématiques. Son père rêvait pour lui l'état
ecclésiastique ; mais ces études abstraites et
toutes de tradition ne convenaient point à cette
nature faite pour l'observation. A peine eut-il
terminé sa philosophie qu'il rentra chez lui, et
embrassa la profession de chirurgien, sous la di-
rection d'un chirurgien de son village, dont tout
le talent consistait à saigner, raser et préparer
quelques drogues.

Desault ne tarda pas à reconnaître la grossière
ignorance de celui auquel il avait confié la di-
rection de ses premiers pas dans la profession à
laquelle il désirait se vouer. Il partit pour Belfort afin d'y suivre la pratique de l'hôpital mi-
litaire. Là, son esprit d'observation trouva ma-
tière à s'exercer ; il suivit avec exactitude les malades, assista à tous les pansements, prit des notes
très précises dans leurs détails, et acquit ainsi
une somme de connaisances que ses chefs mêmes
n'auraient pu lui apprendre. Plus tard dans son
enseignement, Desault se plaisait souvent à ra-
conter les premiers détails de sa vie chirurgicale.

Il était depuis trois ans à Belfort, quand il

ésolut de se rendre sur un théâtre plus grand. Il
partit pour Paris en 1764, la tête pleine d'espé-
r ance, la bourse bien légère d'argent.

Pendant deux années, il suivit les leçons des
anatomistes et des chirurgiens les plus renom-
més de l'époque, vivant du produit de leçons
particulières qu'il donnait en mathématiques à ses
compagnons d'études. Vous apprécierez vous-
mêmes la somme des connaissances acquises, la
solidité du progrès accompli quand vous saurez
qu'après ce laps de temps, Desault fut en mesure
de renoncer au bénéfice de sa modeste industrie
et d'ouvrir un enseignement public d'anatomie en
hiver et de chirurgie en été.

Ses connaissances précises sur ces matières,
la nouveauté de ses leçons lui attirèrent, quoique
jeune encore (il comptait à peine 22 ans), la
foule des élèves, des maîtres mêmes vinrent en
grossir le nombre, et cependant Desault n'était
point éloquent, sa prononciation même était dé-
fectueuse à cause d'un grasseyement qui l'aurait rendu ridicule s'il n'eût dit des choses ex-
cellentes.

N'allez pas croire que ces réels succès achetés
par un travail opiniâtre allaient lui gagner de faciles suffrages et lui aplanir désormais les obstacles : écoutez plutôt les paroles de son illustre
élève et ami, du grand Bichat son panégyriste.

« Peu de chirurgiens, dit-il dans son éloge,
ont éprouvé plus d'obstacles que Desault dans
les premières années de son enseignement, les
professeurs privilégiés de la faculté et de la con-
frérie des chirurgiens de St-Côme, piqués de
voir leurs écoles devenir désertes, et celle d'un
jeune homme à peine sorti des bancs se remplir
d'auditeurs, voulurent user d'un droit que leur
donnait un réglement injuste. Il fut défendu à
Desault de faire des cours, et il fallut pour les
continuer emprunter le nom d'un médecin célè-

bre. Sans doute même qu'il eût succombé, si Louis et Lamartinière, alors chefs de la chirurgie, l'un par sa réputation, l'autre par sa place ne l'eussent appuyé de toutes leurs forces. »

Malgré sa science et ses légitimes succès dans l'enseignement, l'envie, et surtout la médiocrité de sa fortune avaient maintenu Desault éloigné des places privilégiées; cependant grâce à l'appui de ses protecteurs, il fut nommé d'abord par une honorable exception professeur de l'école pratique, et en 1776 définitivement membre du collége de chirurgie après dix années de professorat. On peut ajouter d'après son panégyriste qu'il y était parvenu familier avec la gloire, mais étrange à la fortune et aux places qui en donnent.

L'histoire raconte en effet qu'il dut recourir à la bourse de Louis pour solder les frais de réception au collége des chirurgiens de Saint-Côme.

Désormais membre du corps le plus considérable de la chirurgie française, Desault marche de succès en succès, en 1782 on le trouve chirurgien chef de l'hôpital de la charité et en 1788 chirurgien chef de l'Hôtel-Dieu, le plus vaste et le plus renommé de tous les hôpitaux de Paris.

C'est sur ce vaste théâtre que Desault désormais mit le comble à sa renommée, en créant la clinique chirurgicale inconnue chez nous et alors sans rivale dans le monde. Aussi vit-on non-seulement les élèves français, mais ceux des nations étrangères accourir à ses leçons, il y a peu d'années encore la plupart des grandes villes de France et même celles de l'Europe comptaient bien des chirurgiens célèbres élevés à l'école du grand maître de l'époque. L'heure de la révolution avait sonné. Le vieux monde croulait de toute part sous le souffle puissant des idées modernes : au milieu de ce bouleversement

général, Desault maintint quelque temps son
école, mais elle dut bientôt comme les autres se
fondre et disparaître dans l'école de santé créée
par le comité d'instruction publique. Dans cette
nouvelle institution, Desault fut nommé professeur de clinique chirurgicale, ce nouveau titre
ne fut pas celui qui le flatta le plus, il n'approu-
vait pas le plan général de l'école, et peut-être
éprouva-t-il un certain mécontentement de ne
pas avoir été consulté.

Peu d'hommes célèbres ont échappé aux pros-
criptions révolutionnaires. Chaumette depuis
longtemps l'ennemi de Desault, et alors tout
puissant par sa place, tourna contre lui la municipalité qu'il dirigeait. Le 28 mai 1793 un man-
dat d'arrêt fut lancé contre Desault par le comité
révolutionnaire. A 10 heures du matin l'Hôtel-
Dieu et son amphithéâtre furent entourés de
soldats ; on enleva Desault au milieu de sa
leçon : il fut traîné au Luxembourg, prison malheureusement trop célèbre.

Malgré l'intrigue sur les nombreuses réclama-
tions de ses élèves et des malades, le comité de
sûreté générale prit un arrêté qui le rendit au
bout de trois jours à ses fonctions, il les conti-
nua deux années encore, mais les vives émotions
de ces temps violemment troublés avaient fortement ému son âme, altéré sa constitution vigou-
reuse et imprégné sur sa face l'expression d'une
vieillesse prématurée, quand dans la nuit du 29
au 30 mai 1795 il fut pris d'une fièvre maligne
qui mit fin à ses jours le 1er juin 1795, il était
à peine âgé de 51 ans.

Desault, par sa structure physique aux traits
larges, au front découvert, à l'œil petit et pro-
fond, par son intelligence et son caractère moral
mû par l'ambition, désireux de gloire, appartient
à cette race puissante d'hommes qui marquèrent
en France la fin du dixhuitième siècle. Il prêta

même son concours à l'affermissement des idées nouvelles, au commencement de la guerre de la révolution en 1792 il fut élu au comité de santé des armées, revêtu alors de fonctions plus étendues.

Se souciant peu d'une tradition mensongère, il observa beaucoup, accumula de nombreux matériaux et en déduit des préceptes nouveaux. Il fut donc novateur dans son art, et contribua pour sa part à le faire entrer dans les voies modernes qu'il suit à cette heure.

Après avoir vaincu tous les obstacles qui lui barraient son chemin, et atteint sa haute position, Desault comme tant d'autres ne se reposa point et ses succès ne ralentirent pas son ardeur; homme de travail et de devoir il resta tout entier à son enseignement et à ses malades.

Sans tenir compte d'un intérieur que le mariage lui avait créé, malgré les exigences d'une clientèle qui croissait d'heure en heure, Desault rentrait tous les jours à six heures du soir dans son cabinet de l'hôtel-Dieu. Il ne le quittait que le lendemain à midi. Sauf le moment du repos, tout son temps était consacré à soigner ses malades et a instruire ses élèves, son âme fut toujours noble, écrit son panégyriste, le désir de la gloire semblait seul la remplir.

Jamais elle n'eut recours à ces basses menées de l'intrigue, à ces actes blamables si faciles à la médiocrité, il n'agit point comme ces personnages d'occasion qui sans conscience, et ne connaissant du devoir, que le besoin de satisfaire leur orgueilleuse et malsaine ambition, froissent sans pitié des droits loyalement acquis.

Aussi les contemporains rendant déjà justice aux éminentes qualités de notre illustre chirurgien gravèrent sur sa tombe les quatre vers suivants:

Portes du temple de mémoire
Ouvrez-vous il l'a mérité
Il vécut assez pour sa gloire
Et trop peu pour l'humanité

et nous, ses compatriotes fiers de compter parmi les nôtres un homme honnête tout à la fois illustre dans son art et bienfaisant pour l'humanité, nous lui érigeons ce buste au lieu de sa naissance.

Symbole désormais pour nous et nos successeurs de cette triple devise : travail, opiniâtreté, sentiment absolu du devoir.

M. le docteur Gauthier de Luxeuil fait une excursion politique à travers l'époque qui vit naître Desault, et la compare à la nôtre. Il y trouve une certaine analogie et fait d'ingénieuses comparaisons entre les deux époques. M. le docteur Gauthier est un parfait orateur ; il s'exprime avec aisance et force ; il y a en lui l'étoffe d'un tribun.

Voici son discours :

Si ce buste déjà si vivant venait à s'animer, que nous dirait-il, Messieurs ? Il nous parlerait des hommes et des choses de son temps, des événements auxquels il a assisté, et nous verrions se dérouler sous nos yeux l'histoire de cette seconde moitié du XVIIIᵉ siècle, véritable période d'incubation de la Révolution Française.

A cette époque comme à la nôtre, les Prussiens bouleversaient l'Europe.

En 1761, lorsque Desault arriva à Belfort, il y trouva les derniers blessés de cette désastreuse guerre de 7 ans, dans laquelle notre noblesse exténuée de débauche, achevait de perdre sur les champs de bataille ce qui lui restait de prestige.

C'est à proprement parler la guerre de la

Pompadour : la France y avait été entraînée pour la venger des sarcasmes de Frédéric.

La guerre de 70, appelée si souvent la guerre de l'Impératrice, s'appellera peut-être un jour la guerre de 7 mois.

Combien d'autres analogies encore !

Lorsqu'après Rosbach l'armée française tomba presque toute entière au pouvoir du roi de Prusse, on y trouva une légion de « cuisiniers, « de comédiens, de perruquiers, quantité de pa- « rasols, des perroquets, des caissons d'eau de « Lavande. » (Michelet).

Ne croirait-on pas assister au récit de la prise de la maison de l'Empereur et de ses 80 four- gons après la fatale journée de Sedan ?

La mort de Douai rappelle celle de d'Assas.

Chevert défend Prague comme Denfert a dé- fendu Belfort.

Quelques brillants faits d'armes perdus dans une immense honte, et comme conclusion, en 1763, la perte de notre marine et de nos colo- nies, en 70 la perte de la Lorraine et de l'Alsace : dans les deux cas, l'abaissement de la France.

Mais, Messieurs, ne nous laissons pas attarder à ces rapprochements.

« Au milieu de ces humiliations et par ces humiliations mêmes, le drame du siècle s'ache- mine vers sa péripétie. » (Michelet.)

— La grande pensée plébéienne éclate et pro- teste. Jamais l'esprit humain n'a déployé tant d'activité et de vigueur. C'était comme si la France eût crié à l'Europe : ce n'est pas moi qui suis vaincue !

— Voltaire combat sans relâche pour la liberté religieuse et publie son *Essai sur les Mœurs.* Montesquieu fait paraître l'*Esprit des Lois.*

Les volumes de l'*Encyclopédie* se succèdent et passent de main en main. Beaumarchais imprime ses *Mémoires.*

Rousseau fait couler à flots dans ses **écrits** cette fièvre de dissolution niveleuse qu'on **re**trouvera plus tard dans nos grandes assemblées.

La profession de foi du vicaire Savoyard **est** le manifeste du Déisme et prépare la fête **de** l'Être suprême.

« Enfin dans le *Contrat social* apparaissent les trois mots de la Révolution tracés d'une main de fer. » (Michelet.)

Au milieu de ce tourbillon d'idées nouvelles, un autre que Desault aurait pu prendre le vertige. Mais il semblait comme le Dante avoir **à** ses côtés un guide pour lui dire en lui montrant les rénovateurs de l'ordre social : Regarde et passe ; toi aussi tu seras un rénovateur, **mais** leur cercle n'est pas le tien.

— « Poussée par le philosophisme, la Révolution avançait à grands pas et tellement **irrésis**tible, que Louis XV lui-même qui l'entrevoyait avec épouvante, travaillait pour elle et lui **frayait** la voie. » (Michelet.)

Il s'amusait à imprimer les travaux de **Ques**nay, sur l'économie politique.

L'année même de l'arrivée de Desault à **Paris,** 1764, il expulsait les Jésuites du Royaume **et en** 1771 il abolissait le Parlement, renversant **ainsi** de ses propres mains ces deux colonnes **de la** vieille monarchie.

— Après avoir suivi le cours du collège **de** Saint-Côme, qui durait deux ans, et comportait 25 actes ou examens, Desault, à 21 ans, ouvre son premier cours d'anatomie.

C'était une entreprise hardie, mais **non sans** précédent.

Un siècle auparavant, Duvernay, jeune **docteur** de 20 ans, ouvrait un cours d'anatomie à Saint-Côme et quelques années plus tard, faisait **courir** tout Paris à ses démonstrations du jardin **du roi** où il venait d'être nommé professeur.

Ce n'est qu'en 1776, après 10 ans d'enseignement que, suivant l'expression de l'époque, Desault *prit maitrise.*

On en était aux premières années du règne de Louis XVI.

En se sentant délivrée de Louis XV, de la Pompadour, de la Dubarry et de leur immonde cortège, la France se reprit à espérer. Ce fut un soulagement immense.

Epoque de grandes promesses et de radicale impuissance.

Turgot, la grande figure du règne, avait trouvé le vrai remède : Economie et égalité des impôts.

Tous se brisèrent au même écueil : l'état des finances.

Pendant les dernières années, la dette s'était accrue de 1,646 millions. Le déficicit annuel était de 140.

Dans le pays la misère était telle qu'il est difficile de s'en faire une idée aujourd'hui.

Les hommes mangeaient de l'herbe comme des moutons et crevaient comme des mouches. La dépopulation allait à plus du tiers.

Le taillable payait en impôts directs 56 0/0. Parfois même jusqu'à 17 sous par livre, — sans compter la gabelle ni les aides.

Les exactions du fisc provoquaient des révoltes partout.

Après les ministres patriotes Turgot et Necker, on s'était adressé aux ministres courtisans comme Calonne et Brienne; on avait assemblé les notables, c'est-à-dire les privilégiés.

Ils ne voulaient pas payer et le peuple ne le pouvait plus.

On avait tout essayé sauf les Etats généraux.

Ils furent convoqués pour le 5 mai 1789.

C'était l'abdication de la royauté.

La Révolution était faite ; ils n'eurent plus qu'à la décréter.

L'année précédente, Desault avait ouvert ses cours de clinique à l'Hôtel-Dieu.

Quelle institution répondait mieux aux besoins de cette époque fiévreuse ?

En face des agitations du présent, des incertitudes de l'avenir, tous voulaient acquérir vite.

Tandis que les autres écoles languissaient découragées par les troubles inséparables d'une grande révolution, la sienne, dans tout son éclat, formait cette multitude de chirurgiens répandus bientôt dans les 14 armées de la République.

À partir de la convocation des Etats généraux, les événements s'entassent avec une rapidité vertigineuse.

14 juillet,
10 août,
22 septembre.

Dates à jamais mémorables.

Enfin, comme l'a dit Victor Hugo :

« Nous approchons de la grande cime.

« Voici la Convention.

« Le regard devient fixe en présence de ce sommet.

« Jamais rien de plus grand n'est apparu sur l'horizon des hommes.

« Il y a l'Himalaya et il y a la Convention. »

Faut-il ici faire appel aux souvenirs de Desault ? Non, Messieurs.

« Du vivant de la Convention, on ne se rendait pas compte de ce qu'elle était ; ce qui échappait aux contemporains, c'est précisément sa grandeur.

« On était trop effrayé pour en être ébloui.

« Fournaise, mais forge. »

Si elle a eu ses sublimités, elle a eu aussi ses abîmes ! Qui [le nie ? Pourquoi les] cacherions-nous ?

Nous devons au contraire en mesurer la profondeur pour n'y pas tomber nous-mêmes.

Nous devons surtout fermer à jamais les sentiers qui y conduisent.

M. le docteur Boisson a rendu hommage au célèbre statuaire qui a su reproduire avec un art remarquable les traits du grand Desault, dont l'immortelle gloire est d'avoir consacré sa vie à la science, au service de l'humanité et à la philanthropie chrétienne.

M. Boisson s'est exprimé en ces termes :

Messieurs,

De tous les sentiments qui s'élèvent en nous à la vue de ce chef-d'œuvre, le premier et le plus vivace est sans contredit celui de la reconnaissance envers l'éminent artiste qui a su reproduire les traits de Desault avec tant de vérité et de puissance.

Comme l'homme célèbre dont il lègue le buste à la cité, il est né dans ce pays et il est issu de cette couche sociale qui a donné à la France tant d'hommes illustres dans les arts, la littérature et la science ; comme lui, il s'est élevé par le travail ; et aujourd'hui nous les confondons tous deux dans la même sympathie et la même admiration.

Que M. Iselin reçoive donc publiquement ici les remercîments des habitants de Lure qui n'oublieront jamais le patriotique désintéressement dont il a fait preuve dans cette circonstance.

Des voix plus autorisées que la mienne vous ont raconté la vie de Desault, ses luttes et les titres qui le recommandent à la postérité. Je ne vous dirai donc que quelques mots de cette vie trop courte et si bien remplie.

Sorti de Belfort bien jeune encore où il avait

étudié les mathématiques avec succès, Desault arriva à Paris plein d'espérance et la bourse légère. Pauvre enfant du peuple, il se trouvait dans cette ville immense sans appui et sans autre ressource que son travail; mais il avait le cerveau bien équilibré, une âme virile dans un corps robuste et cette volonté tenace qui surmonte ou brise l'obstacle.

Le XVIII° siècle n'avait alors parcouru que les deux tiers de sa carrière, la liberté et l'égalité civiles n'existaient pas encore; les abus, les priviléges, les divisions par castes, tous les restes de la vieille féodalité ne devaient disparaître que vingt-cinq ans plus tard au milieu des convulsions sociales et politiques les plus grandioses et les plus terribles qui aient jamais agité un peuple. Quelles furent à cette époque de sa vie, au milieu de cette société corrompue de Louis XV, les luttes que Desault eut à soutenir contre les nécessités de chaque jour? Lui seul l'a su; mais ce qu'on est heureux de constater, c'est qu'il a triomphé par le travail.

A vingt-deux ans, il enseigne déjà l'anatomie et la chirurgie; séduite par la clarté de ses descriptions et par sa méthode, la foule des élèves se presse à ses cours; ses progrès sont rapides, il devient membre de l'Académie de chirurgie, chirurgien en chef de la Charité, et enfin, en 1788 il entre, au même titre, à l'Hôtel-Dieu: c'est l'apogée de sa gloire.

D'Angleterre, d'Italie, d'Allemagne, on accourt pour écouter sa parole, on veut voir cette main hardie et habile manier ces instruments et poser ces appareils que son génie a inventés. Dès l'heure matinale, suivi d'une foule compacte et attentive, il parcourt les salles des malades et s'arrête à chaque lit, puis à l'amphithéâtre il fait ses leçons cliniques, pratique les opérations et montre, à l'autopsie, les ravages que la maladie

a produits dans l'organisme. A midi seulement
le grand chirurgien quitte l'hôpital pour visiter
ses clients de la ville. A six heures il rentre à
l'Hôtel-Dieu, fait encore un cours d'anatomie et
de médecine opératoire, visite de nouveau ses
malades et passe la nuit au milieu d'eux sous le
toit hospitalier, toujours prêt à leur porter les
secours dont ils ont besoin. On ne sait réellem en
lequel on doit le plus admirer du cœur de cet
homme ou de son génie!

Le génie de Desault était avant tout positif,
il le devait sans doute à ses premières études:
fidèle à la philosophie du chancelier Bacon il dé-
daignait les hypothèses et ne s'appuyait que sur
les faits. Concurremment avec Corvisart il orga-
nisa la clinique dans les hôpitaux; il créa l'anatomie chirurgicale à peine ébauchée avant lui;
il fut enfin l'un des chefs de cette école anatomique et d'observation qui a rendu et qui rend
encore tant de services à la chirurgie et à la médecine. Comme Socrate il eut de nombreux et
dévoués disciples; pour vulgariser ses leçons et
transfigurer ses doctrines, le philosophe d'Athè-
nes avait eu le divin Platon; le disciple aimé de
Desault fut Bichat, mort si jeune et si regretté.

Sous le pérystile du vieil Hôtel-Dieu, entre
les bustes de Monthyon et de Vincent de Paul,
nos pères avaient placé une modeste plaque en
marbre noir avec cette inscription: « Aux ci-
toyens Desault et Bichat la patrie reconnaissante. » Inscrits au seuil de cet asile de là souf-
france, ces noms illustres ne rappellent-ils pas
ce qu'il y a de plus grand en ce monde, la science
au service de l'humanité et la philanthropie
chrétienne.

M. le docteur Bernard, de Belfort, a clos la
cérémonie par quelques paroles sur la profession
pleine de dévouement et de périls du médecin.

Plus tard, M. Bernard a développé sa pensée dans un discours écrit qu'il a bien voulu nous communiquer.

Le voici :

Messieurs,

Je n'avais pas l'intention de prendre la parole dans cette solennité où de dignes panégyristes naturellement indiqués devaient si convenablement rendre hommage au grand chirurgien qui appartient non-seulement à la France, mais à l'humanité, à l'illustre compatriote qui vous appartient plus intimement par son origine et auquel vous avez élevé un monument comme un témoignage d'honneur et de gloire.

J'ai prêté à ces discours, à ces récits détaillés de la vie, des travaux de Desault, une attention sympathique : j'ai suivi, depuis son départ jusqu'à son point final, l'évolution de ce caractère si fortement trempé, remarquable même dans l'époque et dans le milieu tourmenté où il eut à soutenir une lutte longtemps persistante non-seulement pour l'existence, mais pour la satisfaction de la plus légitime des ambitions.

Qu'il me soit encore permis de mettre en relief l'œuvre de Desault, de faire ressortir le double rôle que Desault a si bien rempli, celui d'apôtre de la science et celui de bienfaiteur de l'humanité.

Tout à l'heure, dans les discours qui viennent d'être prononcés, j'ai retenu au passage deux mots ou plutôt un mot et un nom :

Révolution, Bacon.

Révolution. C'était l'entraînement de l'époque non-seulement dans la politique, mais surtout dans la science humaine. C'était la période à jamais mémorable des inventions, des fondateurs de sciences nouvelles, des Francklin, des Lavoisier, des Volta, des Watt, d'autres encore, immortels génies qui surprenant à la nature des forces jusqu'alors ignorées, devaient par leur action puissante changer la vie de l'ancien monde et fonder une ère nouvelle.

Bacon! Ce nom glorieux dans les fastes du génie humain, cette intelligence douée de la plus merveilleuse faculté d'intuition, qui a fondé la véritable méthode philosophique des sciences, guide nécessaire de l'esprit humain pour acquérir la connaissance des merveilles que recèle le monde réel des êtres. Je ne pourrais point ici énumérer les immenses résultats que cette admirable méthode a produits pour la transformation du monde ancien ; mais c'est fort à propos, et je lui en sais gré, que mon honorable confrère le docteur Boisson vient d'évoquer ce grand nom de Bacon pour faire ressortir la méthode qui a été l'instrument régulateur du travail de Desault.

Desault a fait dans le domaine de la chirurgie ce que d'autres ont fait dans le domaine des sciences physiques. Il a été un révolutionnaire, lui aussi : mais un révolutionnaire de bon aloi pour détrôner l'empirisme. Préparé par de fortes études et inspiré par l'esprit de son temps, il avait bien vite compris que cet empirisme n'était pas et ne devait pas être la loi de la science, que l'observation et l'expérimentation raisonnées, sous l'égide de la méthode, pouvaient seules édifier sur ses véritables et durables assises le savoir humain. Cependant cette conception théorique de son intelligence ne lui est apparue peut-être que comme une révélation de son instinct, car Desault, esprit essentiellement pratique mais avide de connaissances, vivait exclusivement dans le domaine des faits, non point pour les laisser passer avec indifférence et routine, mais pour chercher à en pénétrer le mode d'être et les causes.

Sa vie a été la conséquence logique de son caractère. Entraîné par une attraction passionnelle et en quelque sorte innée vers l'art de la chirurgie dont le domaine à peine cultivé jusqu'alors était encore confiné par l'empirisme dans des limites étroites et en quelque sorte dédaignées, ce pénétrant esprit ne tarda pas à en entrevoir toute la richesse. Dès lors son idéal d'ambition lui apparut en pleine lumière. Son opiniâtre ardeur, son infatigable activité brisèrent tous les obstacles, surmontèrent toutes les difficultés pour arriver à posséder cet admirable champ d'exploration qu'on appelait alors le *grand Hospice de l'Humanité*. Vous l'avez vu, poussant le zèle jusqu'à l'oubli de la famille et de lui-même, ignorant presque les orages du dehors, concentrer toute son activité, et elle était immense, au culte de la science, au parfait accomplissement des devoirs de sa mission dans ce poste d'honneur qu'il n'est donné qu'à bien peu d'atteindre même après d'incessants efforts, mais que Desault sut conquérir parce que c'était le rêve de son ambition. Cette ambition lui avait dit qu'il le pouvait ; dès lors la victoire était certaine dans sa pensée parce qu'il la voulait. C'est là, dans ce grand réceptacle des maux que la nature n'épargne pas à l'humanité, dans ce concours incomparable où les faits se pressent nombreux et variés, que le génie chirurgical de Desault put s'épanouir librement, en pleine lumière, dans son vrai milieu psychologique, et développer toute la puissance de sa force vive. Là, pionnier infatigable, il trouve un champ fécond à cultiver, et recueille, parce qu'il a su la préparer, une ample moisson de science et d'expérience.

Déjà créateur d'une méthode nouvelle dans l'étude des applications de l'Anatomie, de plus en plus avide de bien savoir pour bien faire, conquérant la science par l'observation attentive et réfléchie, la sanctionnant par le contrôle d'une pratique raisonnée, Desault ne gardait rien pour lui des trésors de savoir et d'expérience qu'il accumulait sans cesse, ou, pour mieux dire, il les partageait avec largesse. Fondateur d'une école nouvelle en chirurgie, il se fit apôtre, réunissant autour de lui une jeunesse avide de recueillir sa parole animée par le bonheur de transmettre de nouvelles données pour l'édification du grand art auquel il avait voué sa vie.

Parmi ces disciples enthousiasmés surgit un évangéliste, un héraut de la bonne nouvelle, qui confia au livre l'enseignement du maître tout à la conception, tout à l'action, pour en marquer là trace en traits ineffaçables. Quand la parole de ce maître admiré fut éteinte, le disciple, déjà à l'aurore de sa gloire, érigea à sa mémoire, dans un éloge célèbre, et par le nom du panégyriste et par celui qui en était l'objet, un monument de piété et de gloire : consécration du génie par le génie lui-même.

Est-il téméraire de penser que l'exemple et l'enseignement de Desault aient inspiré Bichat, son élève aimé, qui devait s'élever plus haut par les conceptions générales, Bichat, l'immortel auteur de l'*Anatomie générale* et des *Recherches sur la vie et la mort*, le précurseur de la Biologie, le véritable initiateur de la médecine moderne.

Ne serait-il pas permis de dire que Desault a procréé en quelque sorte Bichat, a fait surgir ce génie puissant par la contagion de l'émulation dans la recherche du vrai ? Desault n'eût-il eu que ce seul mérite, d'avoir révélé Bichat à lui-même, qu'il aurait des droits imprescriptibles à notre reconnaissance. A ce titre, Desault, le maître de Bichat, aurait donc eu, indépendamment de ce qui lui appartient en propre, une grande part dans la révolution médicale moderne qui a renversé les doctrines et les systèmes, et qui progresse parallèlement à la révolution phi-

losophique dans une étroite connexité. C'est peut-
être son plus beau fleuron de gloire, et qui mar-
que le mieux sa place dans l'histoire générale de
la science.

L'on peut s'écrier : Heureux Bichat d'avoir eu
un tel maître, mais plus heureux Desault d'avoir
eu un tel disciple.

Les discours que vous venez d'entendre vous
ont révélé le caractère de Desault, son ardeur, sa
ténacité à poursuivre par un effort continu son
idéal, le perfectionnement de l'art qui le capti-
vait tout entier. Cet art, c'était la chirurgie. Le
profane vulgaire ignore généralement ce qu'est
en réalité ce grand art : il le confond avec les
pratiques routinières de quelques empiriques ou
bien il lui fait la faveur de ne lui accorder qu'une
certaine habileté de la main, et il ne sait point
ce qu'il faut de faculté d'intuition, de sagacité
de jugement, de rectitude de raisonnement, d'ap-
titudes physiques, de longues et patientes études
aux sources du savoir et de l'expérience, pour
permettre au chirurgien, dans le but suprême du
salut, de porter le fer et le feu sur son semblable:
combien il lui faut de dévouement, de sensibilité
pour compatir à la douleur et la détourner, en
même temps que d'énergie pour vaincre les ré-
pulsions les plus naturelles. Desault réunit heureusement toutes ces qualités : il eut les qualités
natives, et il eut les qualités acquise: celles-ci,
parce qu'il les voulut.

Mais ce n'est pas pour la science seule, pour
le progrès exclusif de l'art, que Desault accom-
plit des prodiges de labeur et d'activité. La
science et l'art sont tributaires de l'humanité :
c'est pour elle qu'ils travaillent sans trêve, c'est
pour elle qu'ils progressent sans cesse. C'est
l'humanité qui profite directement de ce travail
et de ce progrès : c'est elle qui s'imposait au
dévouement philanthropique de ce grand chi-

rurgien ; c'est elle-même qui l'a fait grand, parce
qu'il a voulu la servir avec zèle, avec abnégation.
L'art qu'il cultivait avec tant de passion n'a pas
pour objet les jouissances du sensualisme : au
contraire son milieu, ce sont les souffrances humaines, ce sont les cris de douleurs, ce sont les
spectacles les plus hideux ou les plus terrifiants.
Tous fuient : le chirurgien reste : il reste là où
il y a à arracher à la mort ses victimes dési-
gnées. Son cœur gémit pendant que son esprit et
sa main sont en lutte. Voilà le grand rôle du
chirurgien ; et quand je dis : chirurgien, je ne le
distingue pas du médecin. La distinction n'est
que fictive et un reste des anciens errements : les
deux arts sont des frères Siamois: ils ne peuvent
vivre l'un sans l'autre. Quelle noble et sublime
mission qui fait ainsi concourir la science et la
charité, l'esprit et le cœur, vers le bien de l'humanité ! Cette humanité elle-même ne doit-elle
pas être reconnaissante et honorer ceux qui lui
ont consacré leur vie, à plus juste titre que ceux
qui ne se servent d'elle que pour l'asservir et
satisfaire leur égoïste ambition ?

Ce que le vulgaire ignore, ce dont il ne se doute
point, c'est que l'exercice continu et excessif de
la chirurgie use vite l'homme qui s'y consacre
tout entier et exclusivement. « *La corde de l'arc
ne peut pas être toujours tendue*, a dit un poète
de l'antiquité : et « *il y a une limite en toutes
choses*, a dit un autre poète. C'est peut-être pour
avoir méconnu ces sages préceptes de l'hygiène
intellectuelle, que Desault, surmené par une vie
enfiévrée, peut-être aussi frappé au cœur par
les terribles menaces de la basse jalousie qui
toujours et partout attaque les vrais mérites, que
Desault, dis-je, est tombé avant l'heure, dans tout
l'éclat de son talent, au début de l'âge mûr, alors
qu'il pouvait encore ajouter à sa gloire par de
nouvelles conquêtes pour la science et pour l'art
et par de nouveaux services à l'humanité.

Desault n'a pas été seulement un caractère fortement trempé, digne de servir de modèle, un chercheur avide de savoir, un praticien habile dévoué aux pauvres souffrants confiés à ses soins, un homme enfin qui méritait l'admiration et la reconnaissance de l'humanité contemporaine: il a mérité mieux encore, la reconnaissance de la postérité. C'est un homme dans l'histoire, non pas dans celle qui relate les combats, les antagonismes des passions humaines, mais celle qui enregistre les vrais progrès de la civilisation.

Toute cette activité, pourquoi l'a-t-il dépensée? Tout ce travail, pourquoi l'a-t-il accompli ? Est-ce pour la satisfaction exclusive de sa propre ambition ? Pour l'intérêt ? Non ! certes! Parvenu au but de ses désirs, la possession de l'occasion propice pour conquérir le vrai et étendre le domaine de l'art, pour pratiquer le bien, il voulait léguer immédiatement les trésors de savoir et d'expérience qu'il avait acquis par l'incessant labeur de son intelligence attentive : il voulait transmettre sa méthode, désigner les vraies conditions du progrès de l'art, le dégager de l'empirisme, lui ouvrir de nouveaux horizons en reculant ses limites.

Desault voulait être et fut un initiateur, un chef d'école. Son bonheur était d'enseigner, de réunir autour de lui, au centre même de ses travaux, de fervents disciples avides de recueillir la pensée du maître en même temps que d'imiter son exemple : il frappait les yeux plus encore que les oreilles, sachant bien que la mémoire comme l'entendement sont mieux excités par la vue que par les paroles. Son but était d'instruire, de former de vrais praticiens en les familiarisant avec les difficultés de l'art, avec la méthode pour guide, de les détourner autant des pratiques insensées de la routine que des conceptions nébuleuses de l'imagination raisonnante. Enseignant

par la parole et par l'exemple la vraie méthode
des études chirurgicales, il montrait la voie du
progrès dont il avait si bien lui-même parcouru
les premières étapes.

Les disciples initiés à la science du maître sont
devenus des maîtres à leur tour, transmettant
sa méthode et sa doctrine en la perfectionnant
encore : et c'est ainsi que, par générations suc-
cessives, la science des maîtres se transmet par
tradition, que, par impulsions nouvelles, l'art,
suivant le vœu même de Desault, progresse et
se perfectionne. Sans doute cet art a subi aujourd'hui bien des transformations: mais, il ne
faut pas l'oublier, ces transformations sont dues
à la méthode du rénovateur qui a donné la pre-
mière impulsion. Il est donc juste de rapporter à
Desault une grande part de paternité dans le
perfectionnement de la chirurgie d'aujourd'hui.
Il est un de nos ancêtres dans la science: nous
lui devons le respect et le culte de famille.

Mais ces mérites scientifiques de Desault ne
peuvent être appréciés à leur véritable valeur que
par ceux qui cultivent son art par profession,
c'est-à-dire par les médecins, par ceux qui doivent
en connaître l'histoire. Cependant il est un de ces
mérites auquel vous ne pensez peut-être pas,
vous, public, à qui j'ai l'honneur de parler. Desault
vous apparaît sans doute en ce moment comme
une figure du passé à qui vous voulez bien rendre hommage parce qu'on vous y convie, parce
qu'il est votre compatriote, parce qu'il a honoré
votre pays dont il fut un illustre enfant. Détrom-
pez-vous! Vous devez plus à Desault qu'un honneur posthume sous une forme matérielle. Vous
lui devez personnellement votre reconnaissance,
comme bénéficiaire direct et intéressé de la
science et de l'art dont Désault a été l'apôtre.
Comment ? Dois-je vous le dire ? C'est précisément parce que Desault a contribué pour une

grande part aux progrès de cette science et de
cet art dont vous pouvez avoir besoin chaque
jour, à chaque instant, que vous évoquez à grands
cris: au secours ! au secours ! dans la détresse de
la douleur. Parce que, guidé par son expérience et
son savoir acquis par de constants efforts de travail au profit de ses contemporains et pour le
bénéfice des hommes de l'avenir, — héritage
précieux et impérissable, — il a instruit ceux qui
sont les ministres de cet art parmi vous, vos médecins. Ah ! vous ne savez pas ce que vous devez
à ces médecins dont vous avez à implorer le
secours intelligent. Vous ne savez pas ce qu'il en
coûte de rude travail pour devenir un médecin
vraiment digne d'exercer cette noble et si émi-
nemment utile profession qui a pour devise:
Science et fraternité humanitaire: que d'apti-
tudes morales, intellectuelles et physiques il faut
posséder au seuil même de l'initiation. Vous
ignorez cette longue préparation intellectuelle
nécessaire pour étudier avec réel profit cette
vaste encyclopédie des sciences médicales qui
comprend tout le monde de la nature, l'homme
sous tous ses aspects, pour se familiariser avec
l'art difficile d'observer et de juger, régulateur
nécessaire de l'action pour éviter l'erreur et faire
le bien en harmonie avec le vrai. Vous ignorez
encore ces labeurs mystérieux dans les sanc-
tuaires de la mort où on va lui demander l'initiation aux secrets de la vie, les conditions de
cette éducation dans les asiles de la maladie et
de la douleur où il faut s'acclimater pour ainsi
dire à toutes les misères, même les plus repous-
santes, qui affligent l'humanité, où il faut affronter
les périls des contagions et des atmosphères vi-
ciées, avec un courage stoïque qui n'a pour sti-
mulant ni l'odeur de la poudre, ni la vue de
l'ennemi, ni le branle-bas des combats.

Oui, je devais le dire ici : je devais glorifier la

profession en glorifiant la mémoire d'un de ses vaillants représentants, d'un des infatigables pionniers de la science dont nous, médecins, nous sommes les ministres, mais dont vous êtes les bénéficiaires.

C'est donc dans un concert unanime d'admiration et de reconnaissance que tous, nous saluons l'image de ce citoyen qui a bien mérité de la patrie parce qu'il en a été l'honneur et parce qu'il a servi sa gloire. Aujourd'hui nous lui rendons un hommage tardif peut-être. Mais qu'importe, son mérite n'en est que plus rehaussé parce que cet hommage est celui de la postérité. Il revient aujourd'hui dans son pays natal, ressuscité, en quelque sorte, revivifié par la main d'un habile artiste inspiré par la mâle énergie de cette physionomie expressive. Cette figure de bronze vous redira tous les jours et vous répéterez à vos enfants qui vous demanderont: Quel est cet homme ? C'est Desault, un des bienfaiteurs de l'humanité.

A six heures a eu lieu, dans la salle du théâtre, un banquet de 150 couverts, qui s'est terminé à huit heures, par plusieurs toasts dont le premier a été porté par M. le maire, président du banquet. M. le maire a porté la santé des personnes qui ont pris part à la fête et lui ont donné un certain éclat.

M. le docteur Levrey a porté la santé de M. Iselin en ces termes:

Messieurs,

Je porte la santé de M. Iselin, notre ami et notre compatriote.

L'émotion si légitime et si universellement ressentie à la vue du buste de Desault, la notoriété de M. Iselin comme statuaire me dispensent de faire l'éloge de son talent.

Ce que je tiens à vous dire, Messieurs, c'est que dans M. Iselin il n'y a pas rien que l'artiste dont vous avez été à même d'apprécier le mérite, il y a aussi un bon patriote, un bon citoyen, un homme dévoué aux intérêts de son pays.

Vous savez tous, en effet, Messieurs, que ce buste que vous venez d'admirer est un cadeau offert à la ville de Lure par M. Iselin.

Comme médecin, au nom du corps médical, dont je suis sûr d'être l'interprête, comme Luron, au nom de mes compatriotes, je renouvelle à notre concitoyen nos plus chaleureux remerciements.

J'ajouterai, Messieurs, que lorsque M. Iselin quitte Paris pour venir à Clairegoutte, il n'y vient pas uniquement pour y respirer l'air natal: il y vient spécialement pour s'occuper, et s'occuper très-activement des intérêts de sa commune ; car M. Iselin est maire de Clairegoutte. Et l'on peut dire, sans blesser sa modestie, que son administration libérale et éclairée a fait de cette commune un des villages les plus intéressants de notre arrondissement.

Je bois à M. Iselin le statuaire maire de Clairegoutte.

M. Iselin, en quelques paroles émues, a remercié M. Levrey et la ville de Lure de l'honneur qui lui était fait.

M. Desloyes, député, a bu à la ville de Lure et aux organisateurs de la fête.

M. Strauss, étudiant en médecine, a porté un toast à la mémoire de Desault et à sa méthode d'enseignement chirurgical. Voici comment il s'est exprimé :

Messieurs,

En ce jour de fête de Desault, il me semble convenable de porter un toast, non-seulement à la mémoire du grand chirurgien notre compatriote, mais encore et surtout au siècle au milieu duquel il a vécu, au grand XVIIIe siècle.

Les hommes ne se font pas seuls ; ils subissent d'une manière intime et durable l'influence du milieu dans lequel ils se trouvent. Les événements, marquant en quelque sorte de leur empreinte les hommes et les choses, exercent sur tous les membres de la famille humaine une action profonde.

Le grand chirurgien, dont nous célébrons aujourd'hui la mémoire, n'a pas échappé à cette loi. Il ne s'est pas trouvé impunément en pleine période d'incubation politique ; il n'a pas été mêlé aux philosophes et aux polémistes sans éprouver le contre-coup de cette agitation intellectuelle. En plein dix-huitième siècle, au moment où l'esprit humain cherchait à s'affranchir, au milieu de cette fermentation politique et philosophique qui devait aboutir à notre grande Révolution, Desault n'a pu jeter les regards en arrière. Qu'il ait voulu ou non, quoi qu'il ait dit, quoi qu'il ait fait, il appartient bien au dix-huitième siècle par son œuvre et par ses habitudes d'esprit.

Messieurs, notre illustre compatriote a été un novateur, un véritable révolutionnaire au point de vue intellectuel. Vous avez entendu son éloge de la bouche d'hommes autorisés, ils vous ont dit quel rôle il a joué dans la science chirurgicale. C'est parce qu'il s'était affranchi des préjugés, c'est parce qu'il avait secoué le joug des traditions, qu'il a été véritablement un révo-

lutionnaire. Il s'est débarrassé des systèmes
bâtards et des méthodes surannées ; il est allé
hardiment de l'avant, sans s'inquiéter de la
tradition ni de la routine.

C'est surtout comme professeur que Desault
se montre à nous sous son véritable jour. Il a
substitué l'enseignement anatomique sérieux à
l'enseignement d'une anatomie à l'usage des
gens du monde. Il a formé des savants, les Bichat, les Dupuytren, qui ont eux-mêmes révo-
lutionné la science, et qui ont formé à leur tour
une génération de professeurs dont nous sommes
fiers d'être les élèves.

Desault avait l'esprit large, libéral, progres-
siste. Il appartenait à cette grande phalange
d'hommes fortement trempés, qui dans l'ordre
intellectuel, aussi bien sociologique que scienti-
fique proprement dit, préparent les voies à l'a-
venir.

Messieurs, je bois non-seulement à la mémoire
de l'illustre Desault, mais au XVIII siècle, à la
science et au progrès républicain.

M. Baïhaut, ingénieur et conseiller municipal
de Mollans, a bu à la complète guérison d'une
malade qui nous est chère : à la patrie. Le discours de M. Baïhaut a été vivement applaudi.
L'orateur s'exprime avec une grande distinction
et beaucoup de facilité.

Voici le texte de son toast patriotique :

Messieurs,

Puisque nous célébrons une fête médicale,
puisque nos plus savants docteurs sont réunis à
ce banquet, je vous propose un toast à la complète guérison d'une malade qui nous est chère.

Messieurs, je bois à la Patrie.

Il me semble difficile, il me semblerait ingrat,

dans un jour comme celui-ci, de ne point lui consacrer une pensée, — ne fût-ce que pour bénir
cette noble terre d'avoir produit des hommes tels
que Desault.

Après nos désastres, messieurs, la France
semblait à demi-morte, et voilà qu'elle se ra-
nime. Elle a payé sa rançon ; elle renaît à la
vie communale ; elle multiplie ses écoles et ses
manufactures ; elle célèbre, — comme aujour-
d'hui — la mémoire de ses grands morts ; elle
convie déjà l'Europe et l'Amérique à cette fête
de la paix qui s'appellera l'Exposition de 1878.

Justice, tolérance et liberté : Telle est notre
devise. Chacun peut marcher sous notre éten-
dard. Nous ne sommes point un parti politique ;
nous nous appelons la Patrie.

Encore un suprême effort, Messieurs. En 1880,
notre République de conciliation sera inébran-
lable, et la France, cette chère ressuscitée, éton-
nera l'univers par son activité féconde, par sa
fière sagesse et par sa saine vigueur.

Messieurs, je bois à la Patrie.

A huit heures et demie feu d'artifice, illumi-
nations et retraite aux flambeaux. La ville pré-
sentait un aspect féerique ; jamais spectacle plus
beau n'y avait été vu.

A dix heures, le bal était dans sa période la
plus fiévreuse. Un orchestre excellent faisait
mouvoir danseurs et danseuses, qui semblaient
infatigables. Il était cinq heures et demie du
matin quand tout était fini.

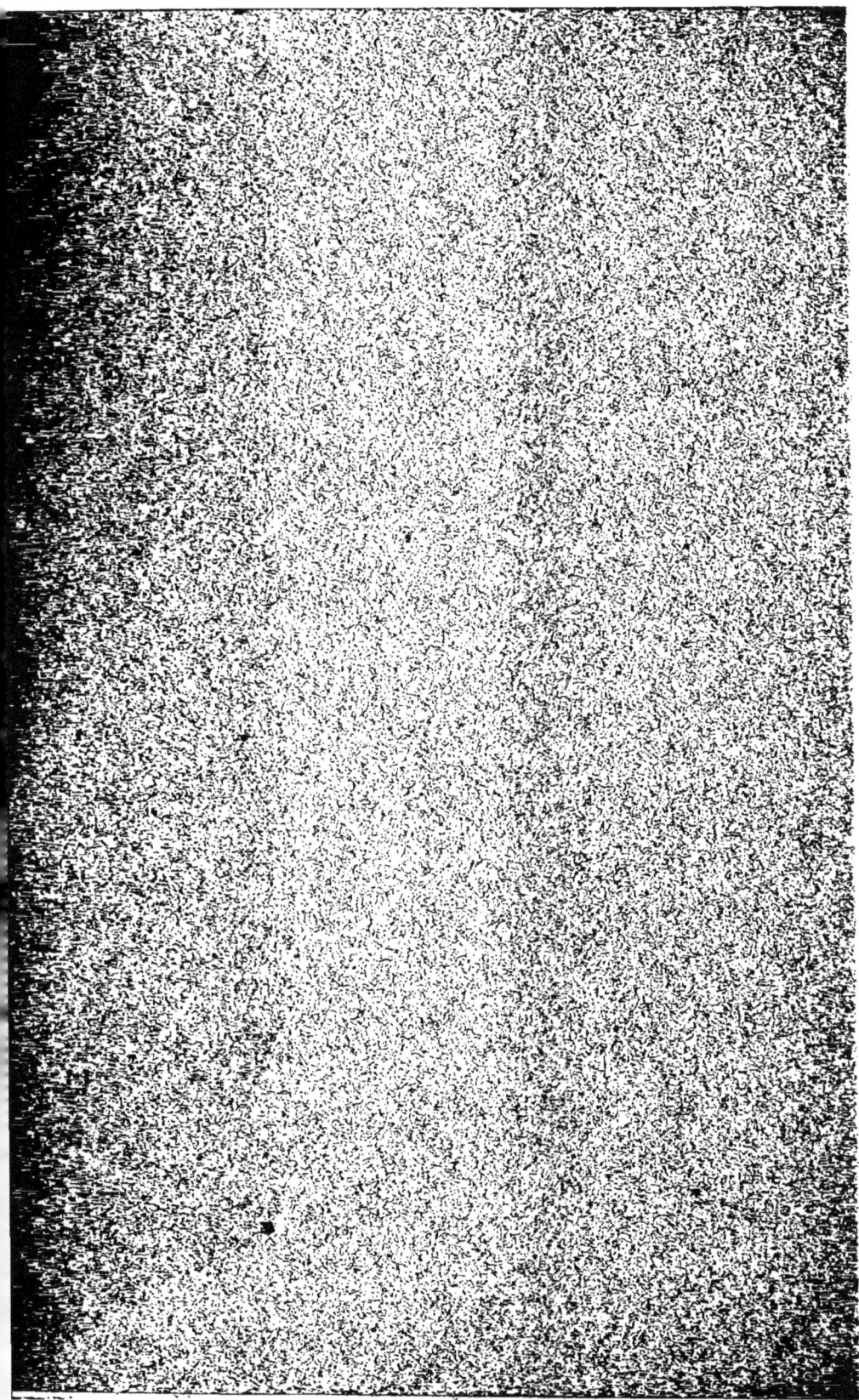

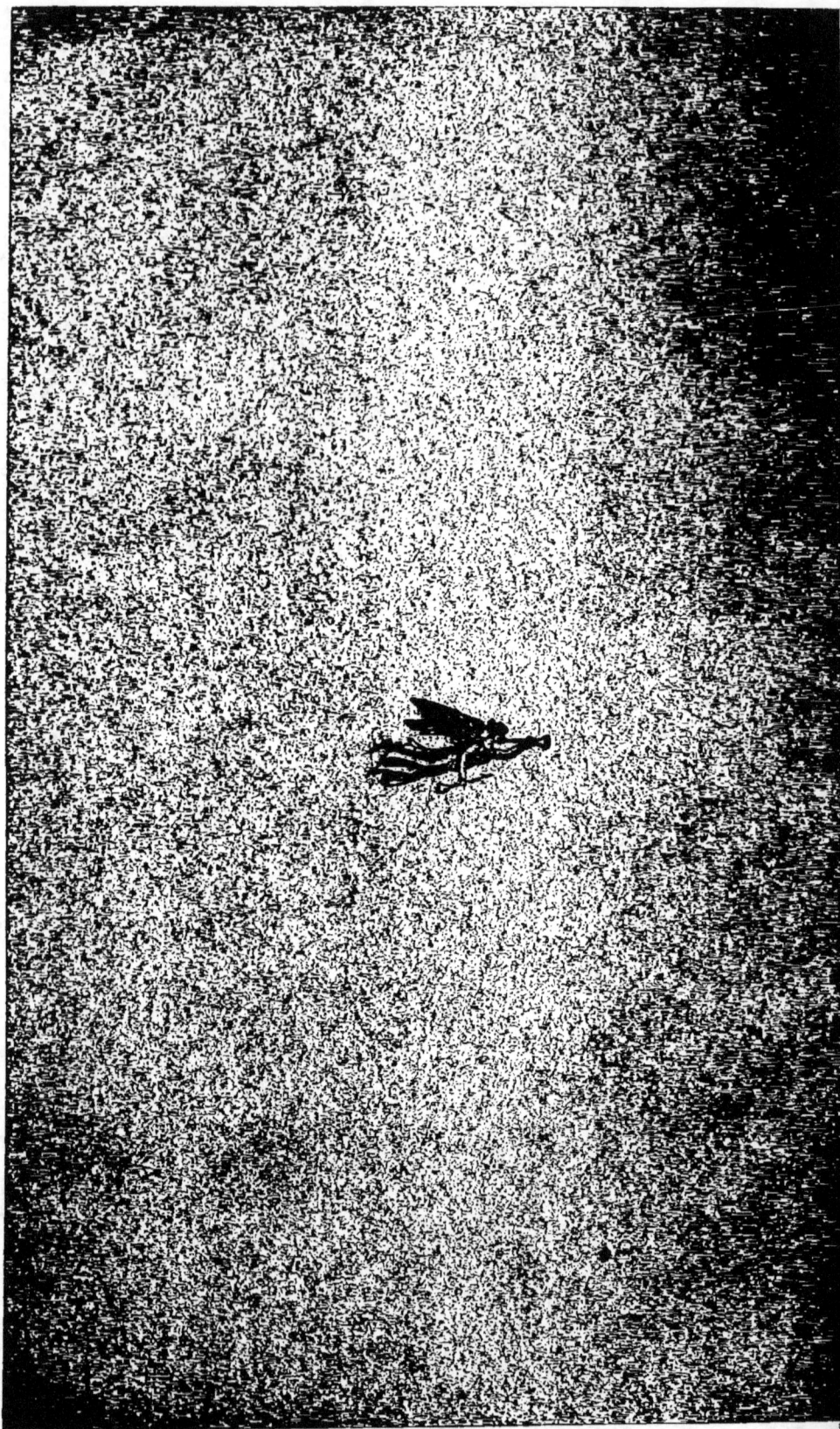

www.ingramcontent.com/pod-product-compliance
Lightning Source LLC
LaVergne TN
LVHW022127080426
835511LV00007B/1058